Discriminés par la religion

Discriminés par la religion

ALDIVAN TORRES

Canary Of Joy

CONTENTS

1 Discriminés Par La Religion   1

1

Discriminés par la religion

"Discriminés par la religion
"

Aldivan Torres

Auteur : Aldivan Torres
© 2018-Aldivan Torres
Tous les droits sont réservés

Ce livre, y compris toutes ses parties, est protégé par le droit d'auteur et ne peut être reproduit sans l'autorisation de l'auteur, revendu ou téléchargé.

Aldivan Torres est un écrivain consolidé dans plusieurs genres. À ce jour, il a des titres publiés en neuf langues. Dès son plus jeune âge, il a toujours été un amoureux de l'art de l'écriture après avoir consolidé une carrière professionnelle à partir du second semestre 2013. Il espère avec ses écrits contribuer à la culture brésilienne, éveillant le plaisir de lire chez ceux qui le font. Votre mission est de gagner le cœur de chacun de vos lecteurs. Outre la littérature, ses principaux goûts sont la musique, les voyages, les amis, la famille et le plaisir de vivre. « Pour la littérature, l'égalité, la fraternité, la justice, la dignité et l'honneur de l'être humain toujours » est sa devise.

Discriminés par la religion
Carthage - Tunisie actuelle - an 465
Enfance
Le monastère
Nouvelles attitudes
Le retour au monastère
Une semaine plus tard
La première leçon
L'œuvre
L'exemple de la persistance
La période de six ans
Voyage forcé
Arrêt à Syracuse
Retour à la maison
Décision II
À la maison
La semaine
Un peu plus tard
La mission
Nomination
Voyage à Rome
Le retour
Cléber, le nouvel évêque de Ruspe
L'exil
Le passage
Lettre au roi
Répercussion
Trois mois plus tard

À Carthage
Revenir
Dix ans après
Nouvelle position
À Ruspe
Final

Carthage - Tunisie actuelle - an 465

Né une étoile de lumière dans la belle aube de Carthage, l'actuelle Tunisie. La famille Gordian Fulgêncio venait de recevoir son premier enfant en ce matin fatidique du 12 janvier 465 après JC. Le garçon a été baptisé par le nom Cléber Gordiano Fulgêncio conseillé par le père Aristide qui était sénateur de l'empire romain. La mère appelée Maria était également illustre, appartenant à une famille traditionnelle de la région.

Il semblait possible que l'enfant ait une vie merveilleuse pour naître dans une famille riche, acculturée et influente à cette époque encore pleine d'incertitudes et de persécutions ethniques, culturelles et religieuses. Du moins c'était ce à quoi on s'attendait. Cependant, tout pouvait arriver et le destin tissait des fils invisibles à cette petite vie.

Peu de temps après la naissance, ils ont embauché pour le garçon une nourrice, une sorte de nounou qui répondrait aux besoins de chaque enfant lorsque leurs parents s'acquittaient de leurs longs et quotidiens engagements sociaux. Elle s'appelait Eva Ferrari et travaillait dans la maison de la famille Fulgêncio pendant six jours par semaine, gagnant le salaire minimum local.

Outre la nounou, le garçon a gagné tous les avantages que leur statut social lui permettait : une chambre spécifique entièrement équipée et beaucoup d'amour et d'attention de ceux qui étaient autour. Cléber était vraiment un garçon chanceux et spécial.

Allons-y !

Enfance

Ils ont eu une enfance normale pleine de jeux d'enfants, d'amis, de voyages, de rendez-vous avec les parents, la nounou, l'éducation et beaucoup de responsabilités. Depuis son plus jeune âge, il a appris les vraies valeurs de la vie, y compris la direction religieuse, se démarquant parmi les autres enfants de leur groupe d'âge. C'était un garçon d'amour.

À l'âge de douze ans, il a acquis plus de liberté dans tous les sens pour gérer le domaine familial avec son père. À cette époque, les services de nounou furent dispensés et six mois plus tard, Aristide mourut en laissant une fortune et la femme (mère de Cléber) entre les mains du jeune garçon. Une décision des jeunes Cléber était nécessaire.

Avec détermination et courage, il fait face à des difficultés et se montre très compétent dans leurs tâches. C'est comme le dicton dit : "Le fer et le fouet qui construisent l'homme". Ainsi, est né l'homme, véritable forteresse de la famille Fulgêncio.

Le monastère

À partir de 18 ans, l'éventail des intérêts sociaux s'est élargi. En plus des réunions ordinaires des affaires et de la politique, Cléber à intensifier ses études religieuses, son art et sa littérature, ce qui a atteint de hautes fonctions publiques. Il a été nommé procureur de sa patrie et percepteur des impôts. Comme prévu, il a exercé ses fonctions avec compétence.

Ils avaient également l'habitude de fréquenter divers de vie comme étant populaires. Parmi les endroits préférés se trouvait le monastère. Le monastère de Carthage était une congrégation religieuse très importante dans la région. Le but de Cléber d'assister à l'établissement était une clarification supplémentaire des mystères de l'univers qu'il a toujours remis en question.

Là, son principal professeur était Gandarom, un leader séculier qui diffusait toutes les religions. L'une des principales réunions a été discutée entre les deux questions intéressantes concernant les principaux enjeux de l'époque et qui peuvent être le même courant de nos jours. Je transcris ci-dessous les parties principales :

- Qui est Dieu, Gandarom ? (Cléber)
- C'est l'Alpha et l'Oméga, le début et la fin, avant tout ce qui existe.
- Quelle est la religion de Dieu ? (Cléber)
- Dieu est présent dans toutes les religions. Il y a près de cinq siècles, il nous a donné l'un de ses fils pour servir d'exemple de conduite et de droiture. Dieu veut que nous lui ressemblions. (Gandarom)
- Quel est son prénom ? (Cléber)
- Jésus. (Gandarom)
- Je vois. Mon père a raconté son histoire. C'est vraiment incroyable. (Cléber)
- Oui. Il a porté avec notre douleur, nos croix et offert comme expiation pour nos péchés. Il nous a sauvés - lui a expliqué.
- Je sais. J'ai lu quelque chose à propos de. Je ne comprends tout simplement pas ce qui l'a poussé à adopter cette attitude. À mon avis, les gens ne méritaient pas ce don. (Cléber)
- Vérité. Attendez. (Gandarom)

Gandarom se leva et marcha quelques mètres vers la bibliothèque. Ils étaient à attendre. Au bout de quelques instants, il revint en apportant avec lui un livre et le tendit à son disciple. Puis redémarrez le contact.

- C'est le livre le plus important au monde. Fermez les yeux et ouvrez une page aléatoire. Il répondra à vos préoccupations.

Ils ont fait ce que suggèrent. Lorsqu'il rouvrit les yeux, face au message suivant : "La transgression du méchant dit dans mon cœur qu'il n'y a pas de crainte de Dieu devant ses yeux. Les paroles de sa bouche sont iniquités et tromperie : Sois sage et fais le bien. Il a inventé le mal sur son lit, il s'est cloué d'une manière qui n'est pas bonne, il n'a pas horreur du mal. Ta miséricorde, Seigneur, est dans les cieux et ta fidélité atteint les nuées. Ta justice est comme les grandes montagnes; tes jugements sont d'une grande profondeur : ô Seigneur, tu préserves l'homme et la bête. Quelle est ta bonté, ô Dieu ! C'est pourquoi les enfants des hommes mettent leur confiance sous l'ombre de tes ailes. Rassasie-toi abondamment de la graisse de ta maison, et tu leur feras boire du fleuve de tes plaisirs. Car avec toi est la source de vie : dans ta lumière, nous verrons la lumière. Ô continue ta bonté envers ceux qui te connaissent; et ta justice envers ceux qui ont le cœur droit. L'orgueil vienne contre moi, et que la main des méchants ne m'éloigne pas. Il y a les ouvriers de l'iniquité tombés : ils sont abattus et ne pourront pas ressusciter. " (Psaume 36, Holly Bible, par King James Bible En ligne)

Le sentiment que Cléber ressentait alors peut-être défini comme insaisissable. Il y avait la réponse à toutes ses recherches de vie. Dieu était si supérieur qu'il aimait le bien et le mal également et sans préjugés.

Dans un acte prémédité, ferme la Bible et dis au maître :

- Je veux renoncer au monde et découvrir ce Dieu inconnu. Désormais, je vivrai une vie d'austérité et de solitude - décidé.

- Avez-vous pensé à toutes les conséquences ? (Gandarom)

- Je n'ai pas besoin de réfléchir. J'ai juste besoin d'en savoir plus sur cette chose inexplicable qui s'est produite maintenant. Souhaite-moi bonne chance !

- Oui bien sûr. Je vous souhaite de découvrir ce que vous recherchez.

- Merci.

Ils se sont retirés du monastère pour commencer une nouvelle vie. Parallèlement, la lumière dans sa poitrine commence à se développer de plus en plus.

Nouvelles attitudes

Après avoir quitté le monastère, Cléber à chercher à poursuivre leurs activités. Il a continué à se perfectionner au travail et à la maison a pris soin de la mère déjà âgée. Il a élargi ses études sur la religion, la politique et les relations en découvrant chaque jour de nouvelles informations. Au fur et à mesure qu'il se perfectionnait, il laissait un peu de côté la vie sociale. Les « choses de Dieu » devenaient chaque jour plus importantes.

Donc, dans ce rythme de découverte a pris quatre longues années. À la fin de ce temps, il est arrivé à une conclusion : votre attitude de détachement social et d'isolement qui s'est consacré n'était pas la réponse pour trouver le chemin. Malgré leurs efforts, il n'a pas atteint le but qui était l'austérité, la simplicité et la rencontre avec Dieu. Que faire maintenant ? La seule option qu'il envisageait était de retourner au monastère et de retrouver Gandarom, son ancien maître, au besoin de ses conseils et de ses conseils avisés. Toujours dans son esprit les messages du Psaume 36 qui avaient encouragé la recherche : "Ta miséricorde, Seigneur, est dans les cieux ; et ta fidélité atteint les nuées. Ta justice est comme les grandes montagnes ; tes jugements sont d'une grande profondeur. Seigneur, tu préserves l'homme et la bête. Que ta bonté est excellente, ô Dieu ! C'est pourquoi les enfants des hommes mettent leur confiance sous l'ombre de tes ailes. « Il avait besoin de trouver le fil et l'abri sur la force de ce Dieu inconnu qui l'appelait continuellement.

Le retour au monastère

C'était une matinée calme en ce 12 janvier 487, un jour après la décision ferme de Cléber. Bientôt tôt, après avoir terminé ses activités matinales et avoir fait ses adieux à sa mère, partez vers l'extérieur de la maison. À certains moments, il était déjà dehors.

En quittant la maison, un chalet en bois véranda, se dirigeait vers une salle attenante qui se trouvait sur la droite. En quelques pas, il atteint les lieux et commence à sceller son cher compagnon Protomeu son acolyte. Quand vous êtes prêt, montez, sortez de la stalle et gagnez les rues de la grande Carthage, centre économique et politique de l'époque.

Sur le chemin, zigzaguant dans les rues, trouve de nombreuses connaissances et les accueille d'un hochement de tête. Cela ne valait pas vraiment la peine de se priver de la beauté du monde et de la compagnie d'amis comme il l'avait fait. Il était sûr que Dieu ne le voulait pas.

Au milieu de l'attente, de la nervosité et de l'anxiété, il rencontre l'itinéraire en trente minutes. Goutte, tient l'animal à l'ombre d'un arbre et se dirige vers la porte de destination. Il lui manquait peu pour un autre grand pas vers sa vie agitée.

Quelques instants plus tard, il arrive enfin. Il était devant cette porte qu'il avait quittée il y a quatre ans avec une décision. Les tours de vie prennent, le bon fils retourne à la maison et quand il a frappé cette porte pourrait redécouvrir leur destin et le maître qui pensait tout le temps. Maktub ! Que la volonté de Dieu soit faite, pense-t-il et frappe à la porte.

En quelques secondes, il s'ouvre et de l'intérieur vient la figure énigmatique de son maître vêtu d'une robe blanche, portant des sandales en cuir et paraissant être très bon. Avec un sourire, il l'accueille et l'invite à entrer. Le vieux disciple a accepté et ensuite les deux pas dans le saint temple.

Ils allèrent dans une pièce particulière et y arrivèrent, s'installèrent sur des chaises autour d'une table, le seul équipement à cet endroit. Le maître fait alors face au vieux disciple et ne put contenir sa curiosité :

- Et puis, Cléber ? Avez-vous trouvé Dieu dans votre rassemblement ? Cela en valait-il la peine ?

- Oui et non. Alors que j'avais le temps de réfléchir aux mystères, je me détachais un peu de la réalité du monde. En fin de compte, j'ai fini par ne pas me trouver. Qu'est-ce que je fais ? Pouvez-vous m'aider ?

Gandarom fronce les sourcils. Avec son expérience, il s'attendait à ce résultat et non seulement il anticipait le disciple parce qu'il voulait lui-même le vérifier.

- Bien sûr, Cléber. En moi, vous avez un ami fidèle. Dieu a un but dans votre vie et pense que je suis l'un de ses instruments pour vous faire voir cela. Écoutez, j'ai une proposition. Voudriez-vous rester ici avec moi et en apprendre un peu plus ?

- Je veux, mais qu'en est-il des règles ? Vous savez que je ne suis pas de la lignée royale pour avoir le mérite de vivre au monastère.

- Je me fiche des règles mais tu as raison. Je vais consulter mes collègues.

Cela dit, Gandarom hocha la tête et sortit un moment. Pendant ce temps, Cléber prend et respire tout cet air de tranquillité et de paix du monastère, quelque chose qu'il n'avait pas ressenti depuis longtemps à cause de sa longue distance. C'était vraiment incroyable.

Dix minutes plus tard, Gandarom est revenu et à travers son apparition a donné à prédire ce qui s'était passé.

- Ils ne m'ont pas accepté, non ?
- Exact. Je suis déçu de mes frères et j'ai pris une décision. (Gandarom)
- Quoi ? (Cléber)

- Je vais partir d'ici. J'irai dans un autre monastère ici de Carthage, de l'abbé Félix. Si tu veux, tu peux venir avec moi. (Gandarom)

- C'est bon. Puis-je rendre visite à ma mère de temps en temps ? (Cléber)

- Bien sûr. Nous apprécions la famille. (Gandarom)

- Donc c'est d'accord. Je vous demande de me donner juste une semaine pour m'occuper des affaires et préparer ma mère à cette nouvelle. (A demandé Cléber)

- Mettez-vous à l'aise. Rejoignez-moi à cette adresse dans les sept jours - fini de livrer un manuscrit parchemin.

Les deux parties avec des poignées de main comme deux messieurs devraient le faire et se séparèrent finalement. Pendant que l'un fera le sac, l'autre, comme dit, s'occupera des derniers détails de sa vie.

Continuez toujours ! À la recherche de la destination.

Une semaine plus tard

Cela passe encore une semaine et Cléber se conforme à l'accord réglant tous vos différends personnels. Il avait laissé la gestion de l'entreprise et la garde de sa mère à une tante du père du nom de Rebeca. Avec son arrivée, il se sentait soulagé de leurs anciennes responsabilités et pouvait voler à la recherche de nouvelles directions.

Après avoir fait ses valises et un rapide renvoi des deux, il se dirige vers le stand attenant à sa résidence. En quelques instants, il est déjà à la place et selle immédiatement votre cheval Protomeu. Préparez-vous, commencez le voyage, sortez de l'étal et gagnez les rues de Carthage en difficulté.

Face à la circulation des autres animaux, Cléber prend un certain temps pour atteindre la destination finale fermée sur parchemin : Le monastère dont le chef était l'abbé Félix. C'était l'ami avec lequel son maître Gandarom parlait beaucoup. En arrivant, gardez le cheval à l'ombre. Qui il ne se séparerait pas.

Face à l'imposant bâtiment de l'architecture la plus pointue de l'époque avec ses colonnes, sa largeur et sa hauteur considérables, son jardin flottant qui abritait une immense variété végétale ainsi que des sculptures et des peintures importantes. Cet endroit était comme un rêve et Cléber était difficile à croire qu'il avait mérité l'invitation à y vivre et à découvrir Dieu à travers les gens et non par la solitude comme on le pensait auparavant.

C'était risqué de monter là-haut et depuis qu'il en avait le courage, il n'hésiterait plus. Il allait jusqu'au bout même si les conséquences étaient drastiques. Avec cette décision, il fait un, deux ... Dix pas puis fait face à l'immense portail. Maintenant, il en manquait peu.

Dans une autre démonstration de bravoure, frappez fermement à la porte et ne vous calmez qu'en écoutant le bruit des pas qui approchent. Quelques secondes plus tard, la porte s'ouvre enfin. À l'intérieur du monastère, il y avait la figure d'un vieillard lui aussi doucement, blanc, maigre et chauve. Avec un aspect formel, il voit le visiteur et dit :

- Qu'est-ce qui veut du jeune ? Quel est ton nom ?
- Je m'appelle Cléber et le vôtre ?
- Félix. Tu es désigné par mon ami Gandarom. Entrez, installez-vous confortablement.
- Merci.

Les deux entrent à l'intérieur du grand bâtiment. Ils peuvent bientôt voir à première vue le charme et le mysticisme de cet endroit. C'était un coin où les abris accueillaient toutes sortes de personnes : pauvres, riches, malades, stigmatisés, acculturés et analphabètes, en plus d'être un multi-ethnique et poly religieux. Un mélange idéal pour comprendre un peu de Dieu.

Après avoir dépassé le salon principal, ils traversent deux autres couloirs à droite jusqu'à ce qu'ils atteignent un salon réservé. Il y avait tous les moines assemblés. En entrant dans la pièce, il a salué tout le monde et est allé parler spécifiquement avec Gandarom qui était en arrière-plan. La rencontre entre les deux était excitante et roule des câlins, des poignées de main et des baisers sur la joue.

À la fin de ce rituel, le contact verbal peut alors commencer.

- Alors, tu es venu ? Comme c'est gentil. (Gandarom)
- Je tiens mes promesses. Maintenant, je suis disponible. (Cléber)

- Écoute, Felix, Cléber est un jeune qui veut et veut trouver des sages et comprendre la force qui lie notre père. (Gandarom)

- Très bon. Dès le début, j'ai réalisé qu'il avait une lueur particulière. Laisse-le-moi. Ensemble, nous formerons l'esprit idéal. (Félix)

- Merci à vous deux. Tout ce dont vous avez besoin de moi, je serai à disposition. Je suis prêt à travailler, à expérimenter et surtout à apprendre. (Cléber)

- Comme ça. Nous avons vraiment besoin de votre aide. Voyez ce qui nous entoure ? Il y a des gens affamés, affamés du véritable esprit de compréhension que nous pouvons leur fournir. Vous êtes l'une des clés. Bienvenue. (Félix)

- Si vous avez besoin de quelque chose de particulier, n'ayez pas honte. Vous pouvez parler. (Gandarom)

- Ne t'en fais pas. Tout est très bien. Je promets d'accomplir mon destin. Où puis-je garder les sacs ? (Cléber)

- Laisse-moi te montrer. (Gandarom)

Les deux quittent la pièce, traversent un autre couloir et accèdent au bloc de dortoirs. Dirigé vers le bas de ce qui était déjà réservé spécialement pour le visiteur. En quelques pas, ils arrivent sur les lieux, ils entrent, gardent les sacs et Gandarom suggère que le disciple se repose dans le lit qui était à côté de lui. Il accepta et se coucha, car la journée serait longue et exigerait trop de sa force.

Pendant ce temps, le travail s'est poursuivi ...

La première leçon

Cléber se réveille enfin après environ deux heures de sommeil profond. Immédiatement, levez-vous, quittez la pièce et cherchez leurs maîtres. Traversez le couloir, le salon, plus de couloirs et arrive enfin dans la première pièce, le salon.

À ce moment a une vision d'une scène inhabituelle : Un homme claquant sur le sol et les moines luttant pour le calmer. La scène lui fait peur et préfère suivre de loin la scène.

Quinze minutes d'agonie intense où la situation n'est maîtrisée qu'avec un grand effort de l'abbé Félix et du maître Gandarom. À la fin, l'homme se lève et a l'air absolument normal et complètement rétabli. Il est ensuite dispensé.

Juste à ce moment, Cléber prend pour approcher et résoudre leurs doutes avec les professeurs.

- Que s'est-il passé ici ?
- était un démoniaque - expliqua Gandarom.
- Qu'as-tu fait pour le calmer ? (Cléber)
- Nous utilisons la prière. Il a le pouvoir de guérir et de chasser les démons. (Abbé Félix)
- Apprenez-moi - a demandé Cléber.
- Tu devrais prier, je te commande, sorte de démon au nom de notre Seigneur Jésus-Christ, de quitter le corps de cet homme et de retourner dans tes habitats infernaux. Ce n'est pas par hasard que le Fils de Dieu s'est donné sur la croix et a versé son sang pour la rémission des péchés. Par conséquent, par son sacrifice, éloignez-vous définitivement de lui et ne revenez jamais. (Abbé Félix)
- Jésus est l'un des deux enfants de Dieu, l'autre ne sera révélé que dans un avenir lointain - a expliqué Gandarom.
- C'est vraiment incroyable. Ce nom a du pouvoir et je veux vraiment l'invoquer - a révélé Cléber.
- Alors, délivre-toi, frère. Je fais partie de cette communauté. N'hésitez pas. (Abbé Félix)
- Merci - dit Cléber.
- Vous avez le droit de choisir. Comme par le passé décidé de se rétracter a maintenant l'opportunité avec nous et les misères du monde que nous traitons. Nous sommes la flèche qui montre le chemin, mais la décision souveraine vous appartient toujours. (A expliqué Gandarom)
- Vous avez raison. Merci pour tout le soutien, maître. (Cléber)
- De rien. (Gandarom)
- Revenons à nos obligations. (Ordonna l'abbé)

Tous obéissent et Cléber est désireux d'aider à travailler avec les personnes malades, dans les activités domestiques et autres tâches connexes. De cette façon, vous passez votre premier jour au monastère et il se sent dans une phase éprouvante dans sa nouvelle vie. Une vie éclairée par l'esprit d'amour et de compréhension du maître.

Avançons.

L'œuvre

L'autre jour, depuis tôt, tout le monastère se réveille et va faire ses activités matinales. Plus précisément, le trio en question s'occupe de leur courte formation. La leçon de la journée se rapporte au travail et ils s'efforcent de s'engager à plein temps.

Les principales activités sont : se baigner, préparer le petit-déjeuner, prendre le petit-déjeuner, faire la vaisselle, se brosser les dents, nettoyer l'intérieur et l'extérieur du monastère, se promener, faire du shopping, préparer le budget, écouter de la musique, lire des livres, déjeuner, dîner et se rencontrer avec les autres membres du monastère afin de décider des questions importantes. Avec cela, la journée était terminée et à la fin, les trois étaient épuisés. Ce qu'ils voulaient montrer au disciple, c'est que sans travail, il n'obtient rien sous les cieux.

L'exemple de la persistance

Venez au troisième jour de vie au monastère. Après les activités ordinaires de la matinée, les trois mousquetaires répondaient aux besoins des gens qui ne cessaient de se présenter pour eux.

Cléber adorait ces activités altruistes. Cela l'a fait se sentir utile à la société. Exactement à dix heures du matin, une dame d'âge moyen cherchait Gandarom. Elle s'est présentée comme Martha et semblait avoir un besoin spécial ; c'était juste la visite d'un vieil ami qui n'avait pas vu depuis longtemps. Cléber à la gentillesse de l'emmener à sa rencontre et provoque un moment spécial entre les deux s'embrassant longtemps.

Le maître a alors une bonne idée de profiter de la situation.

- Marta pourrait raconter votre histoire à mon ami Cléber ?
- Bien sûr, c'est un disciple ?
- Oui, je suis - Cléber attendus.

- Avec plaisir. Je m'appelle Marta Gurgel, j'ai cinquante-cinq ans. Je suis une femme d'affaires renommée menant une vie tranquille. Cependant, ce n'était pas toujours comme ça. J'ai été sans abri, femme de chambre à l'hôtel, prostituée. De ma propre initiative, j'ai cherché à étudier et c'est là que notre ami Gandarom entre dans l'histoire. Il a été l'un de mes premiers professeurs à l'école centrale de Carthage, nous sommes devenus amis et confidents. Malgré toutes les difficultés, il m'a encouragé à me battre pour mes rêves. C'est là que j'ai eu l'idée de devenir femme d'affaires. Aux dépens de mon travail, j'ai ouvert une boutique en banlieue. Au début, le mouvement était bon, mais au fil du temps s'est refroidi et la plupart des pièces qui pouvaient se vendre étaient le terme avec des créances irrécouvrables dans ces cas proches de trente pour cent. Résultat : je me suis cassé. Aidé par Gandarom, je n'ai pas abandonné et j'ai continué à me battre pour mes projets. Toutes les tentatives étaient de soixante-dix, aboutissant à un échec. Dans le numéro soixante et onze, j'ai finalement trouvé quelque chose qui m'identifiait et tout s'est passé à merveille. Aujourd'hui, j'ai mon réseau de magasins de meubles. Ce que j'ai appris à travers le maître, c'est que nous ne devons jamais abandonner l'objectif, persister est la clé du succès.

- Étonnante! Toutes nos félicitations! Je ne sais pas quoi dire! (Cléber)

- L'exemple de Marta peut être appliqué à n'importe quelle situation. Nous sommes tous capables. (Gandarom)

Felix arrive et intervient également dans la conversation afin de donner de bonnes nouvelles :

- Compagnons. J'ai décidé. Désormais, vous serez les leaders du lieu. Vous avez démontré une capacité suffisante pour le faire.

- Toutes nos félicitations! Plus que mérité! (Marta)

- Je ne sais pas quoi dire, merci, mon ami. (Gandarom)

- Moi? Je ne suis pas seulement un disciple? (Cléber)

- J'ai observé leurs mouvements pendant ces trois jours. Vous et votre maître êtes les plus appropriés pour le bureau. Si vous le permettez, je vous baptiserai en Christ Jésus. (Félix)

- Je veux. À l'heure actuelle. (Cléber)

Felix s'éloigna un instant, revenant peu après avec un bassin rempli d'eau. Avec l'aide de Gandarom et Marta ont exécuté le rituel consacré Contes au christianisme. Maintenant, le Saint-Esprit pouvait agir pleinement dans sa vie.

Après la cérémonie, Marta a dit au revoir et les trois mousquetaires s'occupaient de leurs activités quotidiennes respectives. Le temps presse.

La période de six ans

Après leur rendez-vous, Cléber et Gandarom ont commencé un merveilleux travail avec le monastère. Avec des idées novatrices et perspicaces, ils ont fait du monastère de l'abbé de Félix un centre d'excellence en matière de charité, de conseil et d'orientation pour les personnes de tous âges. Allié à cela, il a augmenté en sagesse, en joie et en bonheur avec son étude sur le christianisme.

Cependant, tout n'était pas rose. Le cinquième siècle a été une période de répression et de persécution pour ceux qui ont accepté le Christ à travers la politique autoritaire du Jean King. Il a essayé de toutes les manières de démoraliser les chrétiens

Le point culminant de la persécution a eu lieu le 15 décembre 492. Alors qu'ils allaient faire du shopping, Cléber et Gandarom ont été arrêtés par des gardes à la demande de Jean. Ils ont été ligotés, humiliés et emmenés en prison. Une fois sur place, ils ont été battus et torturés afin de nier la foi chrétienne. Cependant, ils sont restés fermes dans la foi et ont finalement été libérés.

De retour au monastère, ils ont organisé une réunion pour prendre une décision finale. Cette situation ne pouvait pas durer.

Voyage forcé

Le résultat de la réunion a décidé de l'avenir de Cléber. Il a été décidé qu'il se retirerait de ses fonctions et voyagerait contre d'autres moines dans le désert égyptien. Il fallait donner un temps une fois que Carthage devenait de plus en plus dangereuse.

Pris la décision, notre auguste personnage alla aussitôt préparer les détails de son départ. Il a emballé un paquet de vêtements avec des objets personnels et a nommé quelqu'un pour le remplacer dans son travail au monastère.

Avec tout prêt, il a pris son cheval préféré Protomeu et a pris son voyage vers la côte où le navire le conduirait vers la destination finale. Carthage étant au bord de la mer, la distance de l'endroit où il se trouvait serait parcourue en peu de temps.

Alors, c'est le cas. A quarante-cinq minutes de galop rapide, il arrive au port, laisse son ami Protomeu aux soins d'un commissaire, marche un peu et monte les marches d'embarquement du navire qui s'apprête à partir. Le destin a été libéré.

Vingt minutes plus tard, le navire part et à ce moment Cléber est dans l'une des salles du navire avec tout le confort disponible à l'époque. Comme c'était son premier voyage en mer, il se sentit un peu malade, mais rien ne lui enleva leur foi, leur détermination et leur espoir de jours meilleurs.

Il profite du temps disponible, s'assoit sur son lit et commence à lire son inséparable Bible dans la partie faisant référence aux Psaumes. Concentrez son attention sur le passage suivant : "Ne vous inquiétez pas à cause de ceux qui sont méchants ou ne soyez pas envieux de ceux qui font le mal; car comme l'herbe ils se faneront bientôt; comme les plantes vertes, ils mourront bientôt. Faites confiance au Seigneur et faites le bien; habitez le pays et jouissez d'un pâturage sûr. Prenez plaisir au Seigneur, et il vous donnera les désirs de votre cœur. Confiez votre chemin au Seigneur; ayez confiance en lui et il fera ceci : Il rendra votre juste récompense brille comme l'aube, ta justification comme le soleil de midi. Soyez tranquille devant le Seigneur et attendez-le patiemment, ne vous inquiétez pas quand les gens réussissent dans leurs voix, quand ils exécutent leurs plans méchants. Abstenez-vous de la colère et détournez-vous de la colère; ne vous inquiétez pas, cela ne mène qu'au mal. Car ceux qui sont mauvais seront détruits, mais ceux qui espèrent dans le Seigneur hériteront du pays. Un peu de temps et les méchants ne seront plus; si vous les cherchez, ils ne seront pas trouvés. Les humbles hériteront de la terre et jouiront de la paix et de la prospérité. A comploté contre les justes et grincé des dents contre eux ; mais le Seigneur se moque des méchants, car il sait que leur jour vient. Les méchants tirent l'épée et plient l'arc pour faire tomber les pauvres et les nécessiteux, pour tuer ceux dont les voies sont droites. Leurs épées transperceront leur propre cœur et leurs arcs seront brisés. Mieux vaut le peu des justes que la richesse de beaucoup de méchants ; car la puissance des méchants sera brisée, mais le Seigneur soutient les justes. Les irréprochables passent leurs jours sous la garde du Seigneur et leur héritage durera pour toujours. En période de désastre, ils ne se faneront pas ; en jours de famine, ils en profiteront en abondance. Les méchants périront : bien que les ennemis du Seigneur soient comme les fleurs des champs, ils seront consumés, ils partiront en fumée. Les méchants empruntent et ne remboursent pas, mais les justes donnent généreusement ; ceux que le Seigneur bénit héritera du pays, mais ceux qu'il maudit seront détruits. Le Seigneur raffermit les pas de celui qui prend plaisir en lui ; s'il trébuche, il ne tombera pas, car le Seigneur le soutien de sa main. J'étais jeune et maintenant je suis vieux, pourtant je n'ai jamais vu les justes abandonnés ou leurs enfants mendier du pain. Ils sont toujours généreux et prêtent librement ; leurs enfants seront une bénédiction. Détournez-vous du mal et faites le bien ; alors tu habiteras le pays pour toujours. Car le Seigneur aime les justes et n'abandonnera pas ses fidèles. Les malfaiteurs seront complètement détruits ; la progéniture des méchants périra. Les justes hériteront du pays et y habiteront pour toujours. " (Psaume 37.1 à 29)

Cléber frissons. Ces paroles de réconfort étaient parfaites pour le moment critique qu'il vivait. Oui, il avait foi, confiance en Dieu, en sa providence et a surmonté tous les obstacles qui se trouvaient dans son activité. Personne n'avait le pouvoir de retirer son bonheur réalisé par le fils de Dieu qui l'appelait continuellement. Ce Maktub ! Acceptez son plan avec sérénité.

Après avoir lu le texte, il ferme la Bible et compte faire un tour sur le bateau. Ce serait bien de se mêler à d'autres compagnons de voyage. Dans ce but, sortez de sa chambre et gagne le côté du navire. Avec cela, ayez l'opportunité de rencontrer d'autres voyageurs avec leur destin, chacun avec son histoire et sa vie privée. Au terme de cet exercice, a abouti à la consolidation de plusieurs amitiés. C'était exactement ce que Dieu lui voulait, contrairement à son rassemblement précédent.

Deux heures plus tard, il est de retour dans sa chambre et en profite pour se reposer un peu. Après tout, le voyage serait long et épuisant. Tout en se relaxant, si enivré par la beauté de la mer géante en face de lui avec sa beauté naturelle. Tout ce qu'il vivait vraiment été spectaculaire même s'il était certes triste de devoir quitter sa classe de monastère qui avait beaucoup d'estime. Mais il n'avait aucune issue.

Le temps passe un peu, l'après-midi avance et la nuit vient. Ses activités vont du dîner à une petite fête rapide avec des chanteurs locaux. Cela a fait beaucoup de bien à votre cœur qui était en effet anxieux, craintif et angoissé. Plus tard, aller dormir et essayer de le faire de la meilleure façon possible.

Bonne nuit à tous.

Arrêt à Syracuse

Aube après une nuit troublée pleine de cauchemars pour nos Contes bien-aimés. Cela n'avait pas été facile la première expérience sous la mer pour des raisons évidentes. Ce fut un moment critique à tous égards en raison du changement de vie.

Aidé par son horloge naturelle, il se réveille avec un effort surhumain qui peut enfin se lever. La première chose qu'il fait était d'aller aux toilettes, de prendre un bon bain et de se détendre un peu. Puis, hors de la douche, changez de vêtements et avancez vers la cuisine pour goûter aux plaisirs de la viande.

Avec des pas rapides, il fait tout rapidement et en arrivant à l'endroit il semble que ce n'était pas le seul car le restaurant était bondé. Pourtant, il pouvait trouver à l'arrière-plan une table avec une seule personne et le voilà.

Il s'installe enfin. Éduqué comme il l'était, demandez des excuses à la personne présente et évalue le menu. Demande quelque chose de simple et pendant que la nourriture n'arrive pas, il commence à discuter avec la fille appelée Cruzes sur des sujets généraux et sur eux-mêmes. C'est comme le dit le dicton, n'évangélisez toujours en ne choisissant ni la date ni l'heure.

Dix minutes plus tard, la nourriture arrive, il commence à manger mais interagit toujours avec la fille qui était très sympathique. Dans ce court laps de temps, ils deviennent amis. A la fin du café, ils se disent au revoir, révisent les dernières recommandations et retournent enfin dans sa chambre. Oubliant tout cela, le navire continue sa marche en invisible.

Comme la veille, il se repose et observe le mouvement des eaux océaniques à travers la fenêtre de sa chambre. Dans cette observation, il apprend d'autres significations que celles qu'il connaissait déjà au monastère comme la fugacité des choses et le sort incontrôlable qui le persécutait. Cependant, il a été résigné et a demandé la sérénité et la foi de leur prière face à tout ce qui se passait.

Environ une heure plus tard, le navire s'arrête et il attire l'attention de Cléber. Il quitte la pièce, se promène dans la voiture principale et se rend compte qu'ancré dans le port que selon ses calculs serait la ville portuaire de Syracuse. Le but était de refaire le plein de carburant afin de terminer tout le chemin.

Au moment du mouillage, un homme est entré dans le navire et s'est mis à crier depuis les toits :

- L'Egypte est en ébullition ! L'Église de notre Seigneur Jésus-Christ ne peut pas se stabiliser à cause d'intenses conflits internes. Par conséquent, ceux qui cherchent refuge en Égypte doivent repenser.

Cela dit, il a quitté le navire sans dire au revoir à personne. Pour notre cher voyageur, c'était un signe. Certes, cet homme était un ange envoyé par Dieu et il était encore temps de reconsidérer. Intuitivement, il prit une décision : il se retourna, retournant dans la pièce. A rapidement emballé sa valise, est descendu du navire et a pu s'attendre à ce qu'un navire revienne. Il retournerait dans leur pays où, aussi mauvais soit-il, il leur restait à qui faire confiance. Je ferais face à votre réalité sans fuir et c'était ce que Dieu voulait.

Retour à la maison

Deux heures plus tard est arrivé un navire dont la destination était la destination. Aussitôt, notre auguste personnage s'est empressé de payer le billet, d'embarquer et de loger dans une chambre disponible. Les aventures recommenceraient, mais dans la direction opposée.

Quelques instants plus tard, c'est déjà commencé le voyage en prenant notre ami rêveur, un parfait adepte des lois du Christ et à cause de cela a été poursuivi. Je leur ferais face ! Reviendrait au monastère, exposerait ses arguments et attendrait le soutien de ses amis. J'espère que ça marche !

Pendant ce temps, il essaie les diverses distractions : lire la Bible, déambuler dans les différents compartiments du navire, regarder la mer, déjeuner, dîner, parler, se reposer et méditer. Tout était très intense et agréable en raison de l'attente de retour ensemble dans leur monastère qu'il considérait déjà une famille.

À la fin de la nuit, ils atteignent déjà le point final : la merveilleuse et impressionnante Carthage. Pleins de bonheur, Cléber descend du navire apportant leurs valises, leurs ambitions, leurs peurs et leurs inquiétudes. Bientôt à la terre, louez un animal disponible et une partie ferme vers le monastère. Que le Christ lui a donné chance et bénédiction.

En chemin, il a l'occasion de revisiter les lieux. C'était sa ville qui même avec ses problèmes était belle, attrayante et hospitalière. Le défi était de s'entendre avec certaines personnes, antéchrists préjugés et inhumains qui ne respectaient pas le choix des autres. Ceux-ci n'ont pas le nom écrit dans le livre de vie car ce sont des êtres sans âme.

Trente minutes après avoir quitté le port, il atteint déjà la destination. Il est exactement 23h30 et il n'a pas d'autre choix que d'essayer de réveiller ses compagnons moines. Face à la porte principale, il essaie une, deux, trois fois. Enfin, il pousse un cri et enfin il entend des bruits. Quelqu'un s'est approché.

De l'intérieur de l'établissement, laisse une personne armée jusqu'aux dents et ce fait lui fait peur. Note mieux et note qu'il s'agissait de l'abbé Félix. Ils viennent d'être identifiés afin d'éviter de nouvelles tragédies.

- Calmez-vous, Abbé. C'est moi !

Felix se débattait dans cette demi-obscurité. Découvrez l'identité de la figure, puis faites un sourire.

- Cléber ? Est-ce vous ? Que s'est-il passé ?
- Oui. L'Église égyptienne est en conflit. Je n'avais pas d'autre choix que de revenir. Pouvez-vous m'accepter ?
- Bien sûr. Je ne refuserais pas de vous recevoir à cette heure. Demain, nous pourrons mieux parler.
- Merci.

Guidé par Félix, il se rend dans la même petite pièce qui occupait auparavant et pour y arriver, chercher à dormir. La journée avait été assez chargée.

Décision 11

Vient un nouveau jour dans la grande Carthage, centre géopolitique et financier de l'époque, était le dix-sept décembre 487 et la matinée semble calme et douillette. Tôt, comme d'habitude, tout le monde se lève et Cléber ne fait pas exception malgré toute la fatigue qu'apportait le voyage.

Accomplir la routine quotidienne, se terminer au petit déjeuner et après cela, ils ont fixé une réunion urgente dans une salle privée entre eux, sauf Cléber. En une heure d'intenses débats, définissez le sort de celui qui avait dirigé cette institution pendant près de six ans.

Enfin arrivé à une conclusion et choisi pour transmettre la nouvelle était le maître sage, bien-aimé et éternel des contes, le Gandarom. Il quitte la pièce et se rend dans la pièce où les disciples s'étaient installés.

Ce sont les étapes les plus difficiles de sa vie à franchir, mais extrêmement nécessaires. En se rapprochant, Cléber se rend compte de la désolation du maître et a une mauvaise intuition.

- Cléber ?
- Oui ?
- Le conseil s'est réuni et a décidé de votre départ. Je suis désolé. Pour eux, vous êtes devenu un danger.
- Moi ? Je ne blesse même pas un cafard.
- Tu sais de quoi je parle. Les antéchrists sont de plus en plus actifs

et font pression de tous côtés. Je ne suis pas d'accord, mais il n'y a rien à faire. La majorité l'emporte.

- Je comprends. Je vais partir. Mais d'abord, je voulais dire que vous êtes spécial dans ma vie. Vous, votre entreprise, vos conseils et vos expériences m'ont aidé tout ce temps. Tu étais un deuxième père. Merci beaucoup.

- Tu n'as pas à remercier. J'ai aussi beaucoup appris avec toi car personne ne sait tout. Écoutez, lorsque vous souhaitez nous rendre visite, n'hésitez pas.

- Merci.

- Où vas-tu maintenant ?

- Je ne sais pas. Je vais rentrer chez moi et voir si mes idées sont rangées. Je ne suis sûr que d'une chose : de Jésus-Christ je ne me sépare plus même si cela coûte ma vie.

- Je vous donne tout mon soutien, je me souviendrai de vous dans mes prières. Bonne chance.

- Pour toi aussi. Un gros câlin.

- À bientôt.

Les deux se saluent avec des poignées de main comme d'habitude. Gandarom l'accompagne jusqu'à la sortie. Ils encore jeunes disparaissent dans les rues de la grande ville. La vie ouvre la voie aux deux.

À la maison

Ils parcourent les rues de leur ville pleines d'angoisse, de peur et de nervosité. À ce moment, il a ressenti une grosse douleur dans la poitrine par tous les événements récents. A été pratiquement expulsé du monastère et de la vie de vos amis simplement en faisant du bien. Même consciente que ce n'était pas de leur faute, elle se sentait non protégée et abandonnée comme son maître sur la croix.

Il n'y avait plus que lui-même, son père spirituel et sa mère âgée qui y visitaient un moment. Cela semblait peu, mais était toujours en meilleur état que la plupart des gens. Au moins, il avait la santé pour travailler et sa foi restait fermement prête à relever de nouveaux défis.

Penser à tout, fait un équilibre entre les avantages et les inconvénients de leurs décisions et constate que la vie immergée dans l'Évangile était vraiment spéciale. Il a eu l'opportunité grâce à ses activités d'aider des personnes de tous genres et de toutes classes. Ainsi, répondez au dicton suivant : "Nous sommes tous égaux devant le père".

Même dans une période difficile, ne pensant pas abandonner sa mission, « des voix de lumière » qui l'appelaient encore à faire le bien. Il devrait exister un moyen de surmonter cette déception momentanée et de continuer. Il n'avait juste aucune idée de comment faire cela maintenant simplement parce qu'il était très bouleversé. Le mieux était de se reposer un moment.

Ferme sur cette décision, il hâte les marches, zigzaguant dans les rues pour se laisser distraire. Un peu plus tard, atteint enfin la destination finale, se sentant chez soi, traverse l'écurie et il y avait son vieil ami Protomeu, l'embrasse et lui donne un rapide brossage. Puis quittez les lieux et se dirige vers la porte de sa résidence et comme le fait qu'elle soit entrouverte ne fait qu'une poussée.

La première chose qu'il voit dans la pièce fut sa mère posée sur la chaise. Elle semblait tellement concentrée qu'elle ne se rend pas compte de sa présence. Il est ravi parce que sa mère était incroyable. Aussi, en étant que logé pendant neuf mois dans son ventre et nourri, et seulement de ce fait exigeait un amour inconditionnel de lui.

Discrètement, siffle et cela fait que la mère pousse la vision dans sa direction. En croisant les regards, un insondable mystère d'amour se réalise et ils sont en microsecondes propriétés en contemplation. Après cet intervalle de temps, ils entrent en contact.

- Cléber ? C'est toi, mon fils ? Vous vous souvenez de votre mère ?

- Oui, c'est moi, maman - dit-il en se rapprochant.

Elle n'a pas le temps de se lever. L'enfant s'approche d'elle et lui donne un baiser chaleureux sur le front.

- Est venu pour rester ? (Elle question)

- Je suis venu me donner du temps. M'acceptez-vous ?

- Comment me demandez-vous une telle chose ? Je suis ta mère. Mon amour est immense et sans restriction.

- Merci. Et ma tante Rebeca ? Où est-elle ?
- Je suis allé faire du shopping. Elle sera de retour dans peu de temps.
- C'est vraiment toi ? Comment allez-vous ?
- Avec la grâce de Dieu, maman ! Et toi ?
- Le même. Mon âge ne permet pas beaucoup d'anticipation.
- Allez, maman ! Vous êtes encore très jeune.
- Ce sont tes yeux, mon fils. Mais je suis résigné. Je remercie Dieu pour tout ce qu'il m'a donné même pour avoir un fils comme toi.
- Merci maman. Je le remercie pour ta vie. Y a-t-il quelque chose à manger dans la cuisine ?
- Oui. Des œufs brouillés.
- Un délice. Je vais manger. Nous parlerons plus tard.
- Soyez mon invité, mon fils. C'est ta maison.

Ils sont allés manger parce qu'il avait faim. Une fois sur place, il ne faut pas plus de quinze minutes pour reconstituer les forces. Après cela, gardez les sacs, est allé parler à nouveau avec sa mère et entre-temps Rebeca arrive. Ils se saluent avec euphorie et continuent d'interagir. Ils ont dû prendre ce temps que la vie leur avait donné.

Ensuite, prenez une douche, sortez un peu dans la rue et ne revenez que pour le dîner. Puis enfermez-vous dans sa chambre, lisez la Bible et essayez une illumination. Sans succès. Plus tard, fatigué, s'est endormi. Les jours à venir sont promis.

La semaine

Les jours de semaine passent et Cléber prend ce temps à la maison pour aider à réorganiser les choses. Parmi les activités principales, visites d'affaires, visite et retrouvailles avec de vieux amis oubliés, études bibliques, enquête sur les antéchrists, en plus de s'occuper de la mère, la chose la plus importante dans sa vie. Il vivait dans un point d'eau diviseur, où pratiquement tout pouvait arriver pour le bien ou le mal. C'était à lui d'utiliser les bons outils pour réussir.

À la fin de la semaine, après toutes les activités marathon mentionnées précédemment, il s'est assis et a réfléchi sur les aspects les plus importants liés à sa vie et à la famille. Arriver à une conclusion importante.

Compte tenu de cela, à un dimanche après-midi, s'est approché de sa mère et est allé à elle une dernière conversation. Elle était dans la pièce en train de faire une sieste dans sa chaise préférée. Pour se rapprocher, il la réveilla doucement et les deux pouvaient se retrouver face à face dans une conversation franche.

- Qu'est-ce que tu veux, fils ?
- Je pensais à une chose et je voulais vous consulter.
- Alors dites-moi. J'écoute.
- Maman, tu ne me connais comme personne d'autre. Je suis encore un jeune homme plein de rêves et de défis, avec des valeurs acquises. Vous connaissez également mon instinct de liberté, créatif et perspicace. J'ai pris une décision.
- Je comprends. Vous essayez de me dire que vous partez à nouveau. Est-ce correct ?
- Oui, et pas seulement ça. J'ai également décidé de vendre ma part de la propriété et de construire mon propre monastère. Jésus m'appelle en mission.
- Êtes-vous sûr ?
- La seule certitude que j'ai dans la vie est que, au-delà de la mort bien sûr.
- Alors, je l'approuve. Entrez dans votre travail missionnaire l'essence de votre vie. Cependant, n'oubliez pas votre vieille mère - elle a recommandé.
- Certainement. Je te rendrai visite quand je pourrai. Donnez-moi la bénédiction, ma mère.
- Je vous bénis au nom du père des deux enfants et de l'esprit saint.
- Amen.

Cléber prend sa retraite et va s'occuper de certains détails. Avait déjà quelqu'un en tête pour vendre leurs propriétés, aider les gens et un emplacement spécifique pour construire le siège de son projet. Avec l'approbation de sa mère, il s'installerait en personne.

Au plus tard trois mois de plus, il voulait être installé et travailler. Appellerait le monastère comme «la maison de la résurrection », une allusion à ce maître effectuée chaque jour dans votre vie et dans les problèmes de la planète en général.

Bonne chance à lui !

Un peu plus tard

Le temps avance. Grâce à ses efforts personnels et à quelques amis invités, Cléber réalise son idéal de fonder la maison de la résurrection en 80 jours, vingt jours en avance sur le calendrier. Afin de commémorer l'événement, il a organisé une petite fête, avec la présence confirmée de chanteurs, joueurs de cornemuse, de la communauté chrétienne, de la famille et des amis qui se tiendra au siège du projet.

C'était le seizième jour de mars 488, nuit tranquille et clarté moyenne de la grande Carthage. La "Maison de la Résurrection" était proche du centre-ville et avec elle la mobilité des invités était facilitée. Exactement à 20h00, heure de l'événement, tout le monde nous était déjà en place et ce fait a apporté beaucoup de joie à notre personnage principal. Jésus menait en fait cette grande traversée qui a été montrée avant sa vie de débutant.

Faisant le rôle d'hôte, Cléber commence les festivités. La soirée spéciale est entourée de musique, de divertissements, de conversations franches entre les groupes de participants, de nourriture, de boissons et d'une atmosphère de grande paix.

Une heure après le début de la fête, quelqu'un frappe à la porte d'entrée du chalet boisé, dimensions 15x8 mètres divisé en six compartiments : deux chambres, le salon, cuisine, bibliothèque et quai de déchargement. Ils sont allés vérifier personnellement qui était l'intrus afin de prendre une décision finale. Espérons que ce ne soit pas un antéchrist parce que si c'était le cas, même étant du côté de la paix, il devrait réagir et se battre pour leurs droits de choix religieux, ce qui n'était toujours pas respecté à l'époque.

En quelques pas, arrive déjà à la porte et l'ouvre brusquement, il se prépare au pire. Ce qu'il voit provoque une crise de rire. La personne qui a frappé à la porte n'était rien de moins que son éternel maître Gandarom.

- Qu'est-ce qui est si drôle ? (Renseignez-vous Gandarom qui a l'air un peu terne)
- Rien. Je pensais à la folie. Mais entrez. La maison est aussi la vôtre.
- Merci.

Les deux marches entrent dans le monastère et allez rejoindre les autres fêtards. Sur le chemin, plein de curiosité, notre auguste personnage ne tient pas et entame la conversation.

- Comment as-tu su ?
- Un de nos amis communs me l'a dit et je n'ai pas pu résister. Tout est très beau, félicitations !
- Merci. N'hésitez pas.

La fête se poursuit avec la joie de tous les participants. Tous ceux qui étaient là, d'une manière ou d'une autre, faisaient partie du rêve des contes, un rêve de communion, d'interaction, de traque du Christ et des bonnes valeurs de la vie. Un rêve qui s'est réalisé en unissant nos forces. C'était des gens comme lui dont le monde avait besoin.

La fête suit jusqu'à 23h00. En guise d'adieu, Cléber propose une prière : « Écoutez-moi quand j'appelle, ô Dieu de ma justice : tu m'as agrandi quand j'étais en détresse ; aie pitié de moi, et écoute ma prière. O vous fils des hommes, combien de temps Ferez-vous honte à ma gloire ? Jusques à quand aimerez-vous la vanité et chercherez-vous la location ? Mais sachez que l'Éternel a mis à part celui qui est pieux pour lui-même : l'Éternel entendra quand je l'invoquerai., et ne péchez pas : communiez avec votre cœur sur votre lit, et tenez-vous tranquille. Offrez les sacrifices de justice, et mettez votre confiance dans le Seigneur. Nombreux sont ceux qui disent : qui nous montrera du bien ? Seigneur, élève Tu as mis sur nous la lumière de ton visage, tu as mis de la joie dans mon cœur, plus qu'au temps où leur blé et leur vin ont augmenté. Je demeure en sécurité ». (Psaume 4)

Tout le monde répète et applaudit. Cette prière était l'essence même de la mission sacerdotale, qui à cette époque était entourée de danger. Il fallait que la haute résistance n'abandonne ni ne faiblisse. Parce que seul le Seigneur et ses deux enfants pouvaient sauver, protéger et assurer la continuité de la mission.

Avec la fin du travail, tout le monde a dit adieu à laisser Cléber seul. Il essaierait de dormir en paix avec Dieu sans soucis majeurs. De l'autre jour, donnerait le coup d'envoi à leur travail en comptant avec l'aide de ses trois amis : Peter Pedra, Angelo Mussolini et Rita Andrade. Le premier serait un abbé et les deux autres assistants.

Avançons.

La mission

Le lendemain de l'inauguration, "Home of Résurrection" a commencé ses activités altruistes. Comme dans un autre monastère que Cléber avait dirigé, il n'y avait pas de différenciation entre les gens, toutes les dénominations qui avaient besoin d'aide pouvaient participer.

Cléber et ses amis mentionnés ci-dessus ont dû résoudre une gamme de problèmes variés grâce à des conseils, des conseils et une éducation sur une échelle de relais afin que l'institution fonctionne toute la journée.

Au départ peu de visites, leur travail a été diffusé progressivement par le biais de rumeurs et puis en moins d'un an, ils devaient déjà programmer le service. Signe que l'œuvre était en cours de reconnaissance, Cléber le considérait comme un ange de lumière : porte-parole des forces spirituelles appelées « voix de lumière » ce qui signifiait son obéissance à son père et à ses deux fils.

Nomination

Après deux ans de travail à la tête de la "Maison de la Résurrection", le nom des Cléber a acquis une grande notoriété dans la région de Cartago. Les informations de son travail sont parvenues à l'évêque Gurgel Fontes qu'après une brève analyse décidée par sa nomination comme prêtre du ministère du Christ, lié à l'Église catholique.

Cléber a été immédiatement informé de la décision et a accepté de son plein gré la nouvelle dénomination. Il s'est engagé au moins trois fois par semaine à prononcer des sermons, à adorer et à prêcher afin de gagner plus de fidélité au Christ. Cependant, n'abandonnez pas son travail au monastère car son essence de vie, d'austérité et de simplicité était en cela.

Bonne chance à lui !

Voyage à Rome

Cléber a commencé ses activités sacerdoce une semaine après le rendez-vous. Avec sa manière charismatique, polie et persuasive, elle a attiré les foules au culte. Le message véhiculé était que Dieu était père et, avec ses enfants, appelait tout le monde à un changement de vie : abandonner le monde du péché, délivrer sa croix qui pouvait porter et se renouveler avec la puissance de l'esprit saint.

Parallèlement à ce travail, il servait aussi encore le monastère en aidant les malades, les opprimés, les déprimés, les incroyants et les fous et les pécheurs les plus endurcis. Il répond au mot suivant : "Par mes enfants, je retrouverai le bétail perdu de mon troupeau"

Avec une année de dévouement aux deux activités, il y eut une invitation de Rome à soumettre leur travail au pontife et il n'y réfléchit pas deux fois et l'accepta. Ce fut un honneur et un rêve d'avoir l'opportunité de rencontrer le pape saint Félix en personne.

Décidé, Cléber s'est occupé des dernières questions en suspens : les recommandations sur le monastère à ses amis et la demande d'une licence d'activité sacerdotale. Concernant ce dernier élément, réussissez en même temps. Après, il a emballé un sac contenant des objets personnels de première nécessité.

Le lendemain, tout prêt, il scelle son inséparable cheval Protomeu et se dirige vers le port local. Galopant à bonne vitesse, atteint la destination finale (le port de Carthage à l'époque était assez fréquenté) en surmontant les obstacles communs d'une grande ville de l'époque : le trafic animalier couplé au manque de planification des rues. Mais a survécu, a laissé l'animal entre les mains du commissaire qui le ramènerait à la maison et est parti maintenant attendre le navire qui le conduirait à Rome, le centre mondial de cette époque.

En attendant, entraîne la conversation avec d'autres qui ont également attendu le navire et ne perd pas l'occasion de prêcher sur le Christ et sa mission. Ainsi, gagne la sympathie et l'admiration de la plupart des gens.

Quarante minutes plus tard arrive enfin le navire, une file de passagers par ordre d'arrivée se forme et monte un à un les escaliers qui relient le port au navire ancré. Environ au milieu se trouvait notre personnage et montait les escaliers tout en redressant ses vêtements et ses cheveux qui étaient un peu en désordre. Aucun mal n'était d'avoir un peu d'organisation et d'amour-propre.

Tout le conseil. Après avoir récupéré les clés de l'employé du transporteur, Cléber se rend à son logement, la première salle à droite, et comme elle était bien située, ne tardez pas à arriver. A l'intérieur de la salle, gardez les sacs et en profite pour vous reposer un peu. Quelques instants plus tard, il est donné au départ.

Alors a commencé un nouveau voyage dans sa vie et il espérait que cette fois était plus heureuse que la dernière fois. Au fur et à mesure que le navire avance, notre personnage bien-aimé se déploie dans diverses activités. Se baigne, se promène, prépare une collation rapide, lis la Bible et range ta chambre. Plus tard, déjeuner, dîner, aider à laver la vaisselle et prêcher sa religion à ses compagnons de voyage. Ni la traversée coûteuse de l'Océan ne le fatiguait. Comme la nuit avancée, il s'endort.

Vers 01h00, Cléber se réveille surpris. Qu'est-ce qui s'est passé ? Le vaisseau entier a basculé alors il a pensé qu'il allait tourner. Aussitôt quitta le confort de son lit et alla vérifier ce qu'il y avait dans la chambre des maîtres. Pour cela, il parcourt le squelette du navire - Vérifie l'environnement des rayons pris, l'éclairage, la pluie constante et rempli de gens terrifiés - jusqu'à ce qu'il arrive à l'endroit où se trouvait la pièce. En entrant dans la pièce, parlez au chauffeur et est informé par lui qui font face à une tempête dangereuse et n'est peut-être pas en sécurité pour continuer sur le chemin. Cléber est émerveillé et ému. Comment cela pourrait-il être la fin ? Il ne pouvait pas croire que ses plans et même leur vie étaient en danger car il était jeune et avait beaucoup à accomplir et à gagner de toutes les manières. C'est alors qu'inspiré par le Saint-Esprit a prononcé la prière suivante : "Je t'invoque, le Seigneur des armées. Toi qui d'une main puissante délivra Israël de l'esclavage égyptien et Dieu leurs enfants magnanimes, devenais une femme stérile féconde, changeais les temps, calmais les lions. Je vous demande un autre prodige qui doit nous laisser libre dans ce temps orageux par les mérites de vos enfants. Amen ".

Après avoir répété la prière trois fois, souffla une brise fine sur le bateau et le tourment passa lentement. Tous alors rassurés et admiratifs devaient saluer l'homme de Dieu. Ils ont commencé à leur apprendre :

- Tu vois des frères ? Dieu est le vrai Dieu. Il nous considère comme des enfants et ne nous abandonne jamais, même dans les plus grandes épreuves. La seule chose qu'il exigeait, c'est que nous suivions ses commandements et que nous respections les autorités de vos enfants. Il est écrit que tu ne tueras pas, tu ne voleras pas, tu n'auras pas d'envie, d'avidité ou de calomnie, de ne pas discriminer, soyez humble, charitable et généreux, vous aimerez le Seigneur votre Dieu de tout votre cœur, envers vos frères comme toi-même.

- Qui sont les enfants de Dieu ? (Quelqu'un dans la foule demande)

- Le Corps Fils de Dieu s'appelle Jésus-Christ et est le maître que je suis. Cependant, il y a un esprit dont la venue sur terre se produira dans un temps lointain. C'est lui qui nous jugera avec une verge de fer et apportera la paix.

Un docteur en droit qui était présent sur le bateau s'est rapproché et a regardé l'orateur en prenant la parole.

- Les Écritures disent que c'est Jésus qui reviendra sur terre si je ne me trompe pas.

- Dieu a ses secrets. Cet enfant spirituel dont je parle est à venir est l'essence de Jésus, le Père et le Saint-Esprit, formant un seul être. Ainsi, peu importe ce que nous appelons cela Jésus, Dieu ou son propre nom. Les Écritures sont justes – Cléber expliqués.

- Cela signifie que la Sainte Trinité est irréelle ? (Suite Gervásio, l'avocat)

- Il ne s'agit pas de ça. Chacun croit ce qui vous convient. La vérité est que Dieu sacerdoce est lumière, amour, divinité et esprit et est présent dans les cœurs purs et sans tache. C'est "Le mystère de la communion" et cela ne peut être compris par les humains. Dieu est omnipotent, omniscient et omniprésent - fini.

Avant que cela ne provoque une plus grande controverse, Cléber se retira et essayait de dormir. D'autres ont fait de même. Quand il arriva dans la chambre, s'allongea sur son lit moelleux et eut l'air pensif pendant un moment. Qu'est-ce qui lui a fait dire ces mots ? Il est impressionné par son audace à démystifier des concepts si larges. Cependant, ne regrette pas. Continuez à être porteur de cette force inexplicable qui l'a ému, « Les voix de la lumière continuent avec leur volonté souveraine ». Un instant plus tard, il s'endormit et oublia tous les soucis remplis de rêves réconfortants.

Le voyage a continué les jours suivants et Ils ont continué à distraire est la meilleure façon possible. Heureusement, il n'y a eu aucun dommage et tous sont arrivés à Rome à la dixième fin du premier jour de voyage. Amarré sain et sauf et immédiatement notre auguste personnage arrive, loue un cheval, monte avec son sac et suit le cours du ministère local. Maintenant, il lui manquait peu pour faire l'un de ses plus grands rêves.

En passant par les rues principales de Rome, Cléber se réjouit de l'architecture, du commerce, du paysage et de la manière de faire des gens. Pas étonnant que Rome soit le centre de l'époque. La seule chose triste était les préjugés et la persécution aveugle des membres de sa religion.

Une heure plus tard, arrive à destination, tombe du cheval, demande la permission d'entrer dans le complexe en montrant sa lettre de recommandation et se voit accorder le passage attachant l'animal à un arbre situé dans l'annexe du jardin.

Après, accompagné conduit la cour intérieure d'un domestique. Surmontant les barrières naturelles, ils ont accès à l'antichambre, au salon, au couloir et enfin à la salle privée du pape Saint-Félix. Le domestique se retire, il frappe à la porte et le pontife est allé répondre. Le vieil homme blanc, de taille basse, moyenne et chauve, vêtu de costumes endormis, rencontre un sourire sur son visage.

- Vous êtes des Cléber ?
- Oui. Je viens d'arriver du voyage.
- Quel plaisir que vous soyez venu. Entrez. Parlons-en.

- Merci.

Cléber entre dans la pièce et avec un signe est allé s'asseoir dans le lit du pape qui était à côté d'une sorte de table de chevet. Sur la droite, il y avait un coffre et une table d'écriture avec de l'encre et des feuilles éparpillées. Le Pape s'assoit à côté de lui et entame le dialogue.

- Je t'ai appelé parce que je voulais te rencontrer en personne. M'est venu les rumeurs de votre beau travail sacerdotal et charismatique devant un monastère. Pouvez-vous me donner plus de détails ?

- Je suis juste un serviteur du Seigneur. Tout ce que je fais est conduit par lui. J'ai accepté la prêtrise à cause de cela, j'aurais une plus grande opportunité de racheter le Christ aux âmes. Il veut tout le monde et surtout ceux qui sont loin de leur présence. En ce qui concerne le travail au monastère, c'est un gros travail, difficile mais enrichissant. Je me considère comme porteur de bonnes nouvelles.

- Très bien. J'aurais aimé qu'ils soient tous comme vous, voulant. Avez-vous pensé à étendre ce travail ?

- Oui. Cependant, ce n'est pas simple. Comment le Seigneur soit-il que la persécution est constante et que beaucoup manquent encore de courage pour affronter le pouvoir central. Je te comprends.

- Dit le maître : "Celui qui cherche à préserver sa vie la perdra et qui l'a perdue par mon nom, il y aura volonté de la rencontrer". Nous devons suivre cela.

- J'accepte. Difficile de convaincre les autres de le faire.

- Sûr. Mais nous devons le propager. Me permettez-vous d'utiliser votre exemple comme modèle inspirant ?

- Oui bien sûr. C'est un honneur.

- Donc, il en est ainsi convenu. Maintenant dis-moi, comment va la belle Carthage ? Comment était le voyage ?

- Normal. Avec tous les problèmes communs d'une grande ville. En ce qui concerne les voyages, nous avons eu des revers mais nous avons gagné.

- Dieu merci. Notre père est merveilleux. Je priais pour cela.

- Merci. J'ai toujours eu une curiosité. Comment est-ce d'être pape ?

- C'est une grande mission. J'ai toute la responsabilité mondiale dans mon dos de devoir veiller aux intérêts du Christ et de l'Église. Chaque jour, je dois prendre des décisions finales.

- Mince ! Très impressionnant.

- Voudriez-vous être le pape un jour ?

- Non. J'aime l'Église, le Christ et le père mais j'aime ma vie, mon travail et je sais que je devrais tout abandonner pour assumer cette fonction. Ce n'est pas écrit !

- (C'est vrai, n'est pas écrit)

- (je suis content de ça)

- Très bien. Maintenant, je vais vous quitter. Il est tard et nous avons besoin de dormir. Demain, vous aurez toute la journée pour visiter Rome et avoir des contacts avec les gens.

- Merci beaucoup. Ce fut un plaisir de vous rencontrer.

- Également.

Les deux se sont embrassés et dans ce moment merveilleux, Ils se sont sentis enivrés et ont compris pourquoi il était le pape. Après l'étreinte, se séparer, le serviteur est revenu et a marché Cléber à l'une des chambres, une chambre centrale. Sur place, la première chose qu'il a faite a été de garder vos sacs et de plonger dans le lit. L'autre jour courrait vite et il devrait récupérer les forces détachées au cours du long voyage.

Marcher à Rome

Le jour vint bientôt. Après un repas et un bain rapide, Cléber est sorti dans les rues de Rome accompagné d'un prêtre local nommé Giancarlo Fontana. A cheval, a commencé à aller visiter les principaux points de la Rome antique Panthéon, le Forum romain, le Colisée, l'Arc de Constantin, le Palatin, le Circus Maximum, les Thermes de Caracalla, quelques places, le commerce et enfin, les tombeaux des apôtres.

Dans ce dernier, il a estimé que le gémissement de la force mystique locale était suffisant. Ce que les « voix de la lumière » informaient, c'est qu'en elles vivait le grand amour de Dieu pour avoir chargé la taille et le fardeau des autorités de l'époque. La persécution de l'église était alors beaucoup plus élevée.

À la fin de la journée, ils sont retournés à Episcopal et ont essayé de se reposer. L'autre jour, de nouvelles décisions seraient prises.

Le retour

Le lendemain, tôt, il y a eu une brève rencontre entre les membres du clergé et le visiteur, puis il a été libéré pour reprendre ses fonctions dans son pays. Il a immédiatement essayé de dire au revoir à tout le monde et a fait ses valises.

Avec tout prêt, il prit son cheval et se dirigea vers le port. Sur le chemin, face au trafic d'animaux et de personnes, l'encadrement des gardes romains et cela ralentit un peu leur arrivée à la destination finale. Arrive dans le temps imparti, laisse le cheval avec le commissaire porter et démarre le long escalier et à la fin de celui-ci s'embarquer. À l'intérieur du navire, est approuvé par le transporteur de la compagnie qui lui remet les clés et se promène dans la pièce, il y a encore quelques marches pour trouver le site et dans le même, il dort dans sa chambre en gardant les sacs et en se reposant sur sa belle chambre. Quelques minutes plus tard, il est remis au départ. Commence la grande traversée entre les deux continents, l'Europe et l'Afrique, qui devait durer environ 11 jours.

Grâce au beau temps et aux eaux calmes du navire, le navire a progressé sans problème majeur. Ils ont profité du temps libre pour se faire des amis, pour prêcher, pour approfondir leurs études et lire, rejoindre les festivités c'était aussi le fils de Dieu. Chaque moment était important et notre personnage bien-aimé en était bien conscient. Au fil des jours, il était convaincu que sa voie était avec le public, dans la simplicité et l'austérité. Une leçon apprise.

À ce rythme, les onze jours passèrent rapidement. Arrivé au port de sa bien-aimée Carthage, il descendit avec leurs lourdes valises. Louez à nouveau un autre cheval, sellez et montez, en partant immédiatement vers ses dépendances, la « Maison de la Résurrection ». Pour le moment, il se sent accompli, a rencontré le pape, élargi son réseau et soigne certaines de vos questions cruciales. Il ne restait plus qu'à continuer à travailler avec ses amis dévoués.

Carthage n'avait pas changé. C'était encore un désordre de personnes, de dénominations religieuses et d'autorités politiques à affronter. Le défi de Cléber en tant que prêtre et homme était de concilier leur mission avec la publicité. Tout devait être fait le plus discrètement possible car sinon ses réclamations pourraient être avortées prématurément.

Conscients de cela, nous nous efforçons de ne pas être remarqués. Dans les cinquante minutes est de retour au monastère. Puis prend son passe-partout, ouvre la porte et se rend dans ses quartiers. Comme il faisait nuit et était très fatigué, il suffit même d'aller dormir et de rêver de nouvelles réalisations. Et c'est ce qu'il fait. Entre dans la pièce, jette les sacs dans un coin et tombe sur le lit. L'autre jour, promettant plus d'action dans leur vie simple.

Cléber, le nouvel évêque de Ruspe

Passer une autre année et atteint l'année 492. Chaque jour, l'avancement des projets de notre personnage principal bien-aimé se fait connaître à la fois à Carthage, dans toute la Tunisie et dans toutes les limites de l'Empire romain.

Parallèlement, a augmenté la persécution des chrétiens prise par les plus hautes autorités politiques. Le roi de Carthage, le Jean, alla jusqu'à ordonner qu'il n'y ait pas de successeurs aux évêques décédés. Son objectif était d'éteindre l'Église.

Une réaction de la part des chrétiens s'est organisée. Lors d'une réunion tenue à Rome, ils ont décidé de contrecarrer l'ordre du roi et ont élu soixante évêques. Cléber en était un. Nommé pour la ville de Ruspe.

Après la décision, il a été envoyé une communication à chacun des élus signés par le pape recommandant de ne pas refuser le travail. Sinon, ils collaboraient avec les objectifs des infidèles.

Arrivé à la communication pour Cléber, il était partagé entre la flatterie d'une si haute position, la peur et le souci des fidèles. Il a décidé d'y réfléchir un instant plus tard en raison des engagements personnels qu'il avait.

Cependant, tout était sur le point de changer.

L'exil

En moins d'une semaine, des rumeurs selon lesquelles de nouveaux évêques auraient été élus sont parvenues aux oreilles de l'oppresseur. Le fait qu'ils sont devenus encore plus en colère contre la dénomination chrétienne. Leur premier acte a été d'appeler les officiers de la garde et d'ordonner l'arrestation de tous les intéressés et l'exil ultérieur des condamnés.

Et ainsi, c'est arrivé. La garde du roi de Jean était derrière chaque évêque élu et, une fois réunis, escorté à une expédition vers l'île italienne de Sardaigne, appartenant à leur domaine. Ils ont fait cela pour être respectés et non plus contredits par les dénominations chrétiennes.

C'était donc sa tyrannie au V siècle, mais même lui ne pouvait pas être plus que Dieu. Ne pouvait agir que dans la mesure où il était autorisé.

Le passage

C'était le 04 avril 492, date fatidique où une soixantaine d'évêques étaient poussés, humiliés et démoralisés au public par les gardes royaux dans le port de Carthage. Un par un, ils ont été contraints de pénétrer dans un vieux navire commandé par des hommes d'une cruauté et d'une rigidité connues.

Les évêques étaient divisés en dix salles, six chacune. Les conditions d'hygiène, la nourriture et le traitement étaient médiocres, uniquement soutenus par des chaînes de prière. Cependant, n'importe qui s'est plaint de son sort. Ils iraient jusqu'à la fin par Christ comme il avait fait la plus grande chose pour eux.

Ainsi, est resté le martyre des disciples du Christ pendant le voyage de cinq jours. Malheureusement, tout le monde n'a pas pu gérer la situation et est mort de chagrin et de faim. Leurs corps ont été jetés à la mer. Les autres survivants ont commencé à les considérer comme des héros et des symboles chrétiens de résistance.

À la fin des cinq jours, les survivants ont débarqué et se sont vu attribuer une arrestation provisoire dans la ville de Cagliari. C'était une prison à sécurité maximale où les chrétiens seraient soumis aux règles des infidèles. Et alors ? Que serait pour les chrétiens et leur évangélisation des revendications ? Attendons les prochains chapitres.

Lettre au roi

Les conditions de la prison de Cagliari ne différaient pas du navire qui a amené les évêques. C'était un environnement avec une faible luminosité, plein de rats et de cafards, surpeuplé et avec le peuple de Dieu se battant pour l'avec des délinquants en série.

Désireux de changer cette situation, ils ont échangé des messages entre eux en choisissant Cléber comme porte-parole pour être le plus astucieux et éclairé du groupe. L'idée était de sensibiliser le roi et d'obtenir de meilleures conditions pour tous.

La première idée que l'homme de Dieu avait été d'envoyer une lettre à Sa Majesté Royale. Pour cela, il a pris un parchemin propre, une plume et de l'encre dans votre valise a commencé à écrire sa lettre.

Cagliari, 10 avril 492

À Jean le roi, seigneur de Carthage

Cartago - Palais Royal - Afrique

Objet : réexamen

Cléber, le serviteur du Christ et représentant des évêques exilés à Cagliari, vient à travers cette demande à Votre Excellence une reconsidération des conditions injustement imposées à notre Église Mère et à tous ceux qui sont ici à travers les motifs indiqués ci-dessous.

Nous, en tant que serviteurs de Dieu, nous arrivons aux limites de l'humiliation : nous n'avons pas été respectés, battus, traités comme des animaux et poussés contre un bateau sans aucune condition de transport. Nous avons souffert de la faim, de la soif et de l'angoisse sans savoir exactement ce qui allait se passer. En arrivant sur l'île, nous continuons avec les mêmes problèmes, et emprisonnés comme criminels et unis avec eux.

Avec tout le respect que je vous dois, Votre Honneur, nous ne sommes pas égaux aux derniers ! Nous sommes une légion qui se bat pour le travail humanitaire qui implique des conseils, des traitements, des dons et la profession de notre foi. S'il y a du respect de votre part et de beaucoup, nous demandons au moins compréhension et justice.

Nous sommes conscients de nos droits, en particulier de la liberté et si l'injustice qui est commise persiste, nous allons jusqu'aux dernières conséquences devant les tribunaux romains. Mais ce ne serait pas nécessaire. Je connais votre perspicacité, votre intelligence, votre raison et votre appel pour notre dignité et notre liberté. Que le Seigneur éclaire leurs décisions.

Sincèrement et avec tout le respect que je vous dois, Cléber, l'homme de Dieu.

Cagliari, île de Sardaigne - Province romaine

Une fois la lettre terminée, Cléber la remit à l'officier et ne restait plus que l'espoir. Les dés étaient jetés.

Répercussion

Cinq jours plus tard, le roi a reçu la lettre. Lisez-le attentivement et dans chaque ligne a été plus impressionné. Qui était cet homme qui a dit des paroles si belles et si courageuses ? Sans aucun doute, même s'il était insensible, il ne pouvait rester indifférent à une requête ainsi construite. C'est alors qu'une lueur de lumière a régné en faveur des évêques.

Il prit un rouleau, de l'encre et une plume et rédigea un ordre aux autorités de Cagliari, l'île de Sardaigne. C'était la liberté des évêques, la construction d'un monastère et la permission de la profession de foi du même au moins dans la région où ils se trouvaient. L'ordre devait avoir lieu immédiatement.

Après avoir envoyé la lettre par l'un de ses officiers. Dieu s'est présenté par un intimidateur et c'était un signe qu'il était de notre côté de nos Contes bien-aimés.

Trois mois plus tard

L'ordre du roi est arrivé la semaine suivante. Comme ordonné, a commencé la construction du monastère et arrêter les évêques ont commencé à être mieux traités. Pendant ce temps, ils ont continué ses études et ses prières en permanence.

Exactement trois mois plus tard, le 17 juillet 492, le monastère était achevé, puis ils ont été libérés de prison et logés là-bas. Lors de leur première rencontre, ils ont choisi Cléber comme directeur général du monastère pour sa force de persuasion, sa gentillesse et sa sympathie.

C'est alors qu'a commencé une nouvelle phase dans la vie de cinquante-cinq évêques.

La séquence de travail

Cléber et son compagnon de foi ont commencé les activités altruistes du monastère. Semblable au travail effectué à Ruspe, le lieu était ouvert à toutes les dénominations ce qui a conduit Ils de travail à mettre en évidence dans tout l'empire romain. Il est devenu professeur d'évêques, écrivain, moines fidèles des prêtres et pacificateur de questions controversées devant les dirigeants et la population en général. Il est devenu un leader né reconnu même par les rois.

C'est à travers son activité sacerdotale et son œuvre littéraire intitulée « Réponses aux dix objections » qui était une réplique des questions orthodoxes qui lui ont valu une invitation au voyage pour un bref retour à Carthage. Afin qu'il ne veuille pas créer de conflit, Cléber a accepté l'invitation au débat.

C'était l'esprit saint agissant à travers les gens qui louaient le travail de nos Cléber, bien-aimés le plaçant parmi les plus grands. Il était un symbole de controverse, de sagesse, d'unité, de foi et surtout d'amour parmi les plus modestes. Quelqu'un digne de l'éclairage à haute puissance « à partir de voix de lumière » qui l'appelait et l'inspirait continuellement.

Peu de temps après sa décision, il fit ses valises, quitta quelque temps leur travail et se dirigea vers le port de l'île de Sardaigne qui le conduirait dans sa belle Carthage, une terre qu'il aimait beaucoup.

À Carthage

Le trajet entre l'île de Sardaigne et le grand Carthage était dans la fourchette normale sauf un problème de moteur qui a été rapidement réglé. À la fin du cinquième jour, ils ont débarqué dans le port. Comme d'habitude, Cléber a loué un cheval déjà scellé. Il monte et se dirige vers le palais royal.

Tout en parcourant rapidement les rues encombrées, il pense à sa mission dans la famille qu'on ne voit pas depuis longtemps, et au pouvoir et à l'influence du tyran. Il n'avait vraiment pas d'autre choix que d'assister à leur réunion privée et que " Des voix de la lumière " mette leurs mots exacts dans sa bouche.

Oui, il était prêt pour ce qui est arrivé ! Fort de l'expérience acquise au plus fort de ses 27 ans, il avait déjà assimilé l'esprit pacificateur, créatif et patient. (C'était l'homme qu'il fallait pour l'occasion)

C'est dans cet esprit qu'il est venu avec courage et foi sur toute la distance qui le séparait de la forteresse ennemie. Il mit le cheval à l'ombre et s'arrêta devant le gigantesque bâtiment d'architecture romaine à deux étages, quinze compartiments de trente mètres de long sur douze larges, mais composé de jardin, de deux murs intérieurs et de sept tours. Le moment était venu pour la Jaguar de boire de l'eau.

Rassemblant les dernières forces, il s'approcha de la porte où se trouvaient deux gardes. Il s'est présenté, a mentionné le motif de la visite et l'un d'eux l'a ensuite accompagné à l'intérieur.

Surmontant les obstacles naturels du chemin, les deux ont accès à la cour intérieure, traversent deux couloirs avec des chambres de chaque côté, montent les escaliers, accèdent au premier étage par quatre compartiments pour atteindre le vrai le salon. À ce stade, le garde le laisse seul. Le roi était distrait et tourne simplement son attention à cause du bruit des pas. Puis entre en contact au fur et à mesure que le visiteur se rapproche.

- Cléber ? Vous ici ?

- Oui. Venez rencontrer votre appel royal. Que veux-tu ?

- Je connais votre travail et votre sagesse. Je veux vous mettre face aux Aryens avec l'intention d'un choc d'idées.

- C'est bon. Quand sera-t-il ?

- Plus tard. Pour l'instant, il vaut mieux que vous vous reposiez. Le voyage a dû être long.

- Merci.

- Les Xerxes viennent ici, dit Jean en secouant une cloche et provoquant ainsi un son aigu.

En quelques instants, un mulâtre épais, bas, musclé, une quarantaine d'années entre dans les dépendances royales. Avec une pancarte, il accompagna Ils des chambres d'hôtes situées au même étage. La première chose que le serviteur de Dieu a faite a été de se déshabiller et de plonger dans son lit. Jean avait raison, il était épuisé et voudrait se remettre complètement car le prochain acte promettait suffisamment d'émotion. Il dort immédiatement.

Passé plus de deux heures. Ils se réveillent lorsque quelqu'un frappe à la porte de son dortoir et l'appelle. Avec un saut spectaculaire hors du lit, habillez-vous et alla rapidement répondre. C'était encore Xerxès.

- Jean vous appelle pour une audition au temple religieux. Les Aryens sont arrivés.

- C'est bon. Allons-y.

Cléber accompagnant Xerxès. Traversez la salle royale, les couloirs et les chambres montent les escaliers vers le deuxième étage. L'effort déployé dans l'ascension transpire tout à fait les deux.

A chaque pas, l'attente augmente pour notre cher personnage qui a déjà tout prévu dans sa tête. Le plus important était de ne pas perdre le contrôle, l'éducation et la décence dans ce type de rencontre où « le contraire face visible ».

A la fin de la montée, ils s'arrêtent un peu et reprennent leur souffle. Puis reprennent la promenade, ils pénètrent dans le deuxième étage et par conséquent dans le temple qui était le seul compartiment d'en haut.

Le roi et deux aryens connus sous le nom d'Arthur François et de Tête Perré attendaient déjà exactement au centre. Xerxes dit au revoir, puis Cléber s'avance seul vers les bourreaux. Tout en restant très proches, ils saluent la courtoisie et le roi entame la conversation.

Eh bien, messieurs, comme nous sommes tous présents, je pense que nous pouvons commencer notre interaction. Je souligne que la rencontre est purement amicale. Le plus grand intérêt est le choc amical entre les idées visant à apprendre leurs différents dogmes et visions du monde. Selon ?

- Oui. (Tout le monde est d'accord)
- Première question : Qu'est-ce que la religion pour vous ? (Jean)
- Religion dérivée du terme « religare » qui signifie reconnexion. C'est exactement ce que l'homme cherche puisque c'est face à la terre, une connexion avec une force supérieure et inexplicable que nous appelons Dieu. (Cléber expliqués)
- La religion est une vision particulière du monde et cherche à s'unir avec le Créateur. Aidé par ses préceptes et par la foi, nous pouvons réaliser l'union avec le divin. (Artur)
- La religion est le moyen que nous utilisons pour expliquer l'univers, nous-mêmes et le créateur. C'est le fil invisible qui nous unit à lui. (Tetê)
- C'est bon. Mais que prêchez-vous ? Quelle est vraiment la vérité ? (Le roi)
- Dieu est légion. Communément attribué à sa figure au père, au fils et à l'esprit saint. Mais la vérité est que le Seigneur Dieu est un tout présent dans tous les cœurs purs à travers le phénomène de communion. C'est pourquoi Jésus a dit : "Moi et le Père sommes un". (Cléber)
- Blasphème ! Le père est un et ne peut être comparé à personne. (Artur)
- Pour nous, Jésus était le fils, mais sans partager avec la même substance de Dieu. (Tetê)
- Et si je vous disais que Jésus n'est pas le fils unique de Dieu ? (Cléber)
- Comment c'est ? (Artur étonné)
- Je ne pense pas. (Dit Tetê)
- La discussion devient intéressante. Continuer. (Jean intervenu)
- Oui. Jésus est le fils du corps, né de la Vierge Marie. Mais viendra un autre, le fils spirituel, qui apportera la justice, la paix et la compréhension au monde. Il nourrira son troupeau avec une verge de fer.
- Comment savez-vous ? Où est-ce que ça dit ça ? (Artur)
- Je ne pense pas. (Tetê).
- « Tout comme les gens sont destinés à mourir une fois, et après cela pour faire face au jugement, de même Christ a été sacrifié une fois pour ôter les péchés de beaucoup ; et il apparaîtra une seconde fois, non pour

porter le péché, mais pour apporter le salut à ceux qui l'attendent ». Qui a des oreilles pour entendre, que cela se fasse entendre ?

- Je n'avais jamais vu ce texte de cette façon. (Avoué Artur)
- Moi non plus. (Tetê)
- Besoin d'intelligence pour ça. Félicitations, Cléber, vous avez mon admiration. (Jean)
- Merci. (Cléber)
- Et à propos de ce que vous prêchez ? Quel homme doit suivre ? (Demanda Jean)
- Les dix Commandements. (Artur)
- Et les vertus théologales. (Tetê)
- Pas seulement mes amis. (Cléber)
- Quoi d'autre alors, le plus intelligent ? (Artur)
- Ainsi dit Jéhovah, Dieu, Oxalá, Jésus, Emmanuel, Messie, le Christ, le fils de Dieu qui sont « les voix de la lumière » : « Écoutez, Israël, les peuples d'Occident et d'Orient, mon nom est Dieu, parfait et multiple, omnipotent, omniscient et omniprésent. Je suis le même du début à la fin et je ne change pas. Cependant, vous m'avez créé un rôle de Dieu cruel, vengeur, autoritaire et préjugé qui n'est pas cohérent avec la réalité. Au contraire, Je suis le pouvoir de l'amour au sens large que vous n'avez jamais expérimenté qu'à travers mes enfants. Et vous vous demandez : Que doit-il suivre alors ? Je suis le chemin, la vérité et la vie et vous dites: «Vous aimerez votre Dieu, vous-même et d'autres au-dessus de toutes choses; Tu ne mentiras pas; ne doit pas calomnier; aucun mal ne parlera de ton prochain; Non provoquera des intrigues; ne doit pas agresser; N'offensez pas votre voisin; quartier général juste, magnanime, généreux, compatissant, doux et parfait comme votre père; Tu ne voleras; ne volera pas; ne pratiquera pas le vol; Tu ne porteras aucune sorte de boissons ou de drogues; Ne convoitez pas et ne tombez pas profondément dans la dépendance au jeu; Soyez tolérant, compréhensif, patient, pacifique et humain ainsi que mes enfants bien-aimés; Ne pas envier avant le travail et se battre pour leurs objectifs. Je n'oublie personne car pour tout sous le ciel, il y a le bon moment. Évitez la solitude et la tristesse parce que je vous ai créé au succès et au bonheur ; Évitez la prostitution, l'immoralité, l'adultère,

l'inceste et toutes les perversions sexuelles car vous êtes le temple de l'esprit saint ; Vous êtes frères. Par conséquent, nous exigeons l'unité et la coopération pour le bien commun ; livrez-moi sa croix et renoncez à l'illusion de tout le corps. Je serai prêt à les écouter et à promettre mon dévouement à votre cause. Je vous demande gentiment ceci parce que le voleur du jour est quelque chose que vous ne connaissez pas. Enfin, je dis que je t'aime et je crois toujours qu'il y a une issue. J'ai foi en l'homme autant qu'il ne le mérite pas. » (Cléber, inspirés par les voix de la lumière)

- Une explication plus large de ce que Jésus nous a dit sur l'amour. (Trouvé Artur)

- Exactement, ma chère. En cela, nous sommes d'accord. (Cléber)

- Génial. Comme ça. Vous avez mon admiration. (Jean)

- Et que dites-vous des athées ? Les païens et les adorateurs d'autres sectes ? (Tetê)

- "L'esprit souffle de là vers ici, mais on ne sait ni d'où il ne vient ni où il va." Seigneur Dieu est multiple et sous une forme ou une autre est présents dans toutes les dénominations. Il est le Seigneur des esprits et les forces du bien et du mal doivent lui rendre hommage. (Cléber)

- Logique. (Tetê)

- Donc, si je comprends bien, il y a un Dieu quelle que soit la dénomination, il y a plusieurs façons de l'atteindre. (Jean)

- Oui. Comme dit le proverbe, faire partie d'une religion ne garantit le salut à personne. Quelles garanties sont les bonnes actions, paroles et actions sur le globe. (Cléber)

- Formidable. Très bien. Enfin, quel message me laisseriez-vous ?

- Écoutez, ô roi le Dieu d'Israël et du monde entier : "Lorsque vous régnez sur notre peuple, je règne sur les sept cieux. Tout ce que vous faites ici sur terre est enregistré, mesuré et passé aux paramètres de compte. Je recommande la pratique de la justice, de la compréhension et de la tolérance qui a une longue vie et un succès sur terre. Rappelez-vous : je suis le Seigneur ; je vois tout et aucun homme bon pour conquérir le monde et perdre votre âme. Alors, qu'est-ce qu'un que l'homme m'offre en échange de votre salut ?

- Je demande plus de liberté et de respect pour nos croyances. (Artur)

- Je veux être heureux sans peur. (Tetê)

Jean rougit et semble avoir aimé ce qu'il a entendu. Immédiatement, il entre en contact avec un ton de voix sérieux et grossier :

- C'est bon. J'ai entendu tout ce que vous aviez à dire. Maintenant, sortez, vous êtes exempté.

Ils et autres obéissent sans broncher. C'était la meilleure chose à faire car le roi était le genre de personne qui ne pouvait ni affronter ni contrer. Tandis que le premier descend d'un étage et se rend dans la chambre pour emballer les autres, on redirige les escaliers qui les mèneraient au sol. Ils prendraient soin de leurs églises respectives.

Dans la chambre, notre personnage bien-aimé ne prend pas plus de trente minutes pour prendre une douche et faire ses valises. À la fin, il quitte la pièce, traverse la salle royale, fait ses adieux au roi et aux serviteurs et finalement s'en va. Prends le cheval et monte à nouveau.

Initialement sans but, décide d'aller chez sa mère pour lui rendre visite et dormir alors que la nuit se retrouvait tôt. Et oui, c'est le cas. Traversant les rues à droite et à gauche, saluant des connaissances, revisitant des lieux importants, il rentre à la maison exactement à 10h00. Garde le cheval dans l'écurie et se dirige vers la porte d'entrée.

Face à la porte et bat puis deux fois jusqu'à ce que quelqu'un vienne lui répondre. Voici votre tante Rebeca et ils se saluent tous les deux avec des câlins et des baisers. Parlant doucement, elle explique que Mme Maria dort et ne peut pas être dérangée. Il comprend les deux marches de la maison et se dirige vers son ancienne chambre.

Là, il garde ses affaires, s'allonge sur le lit et essaie de dormir après une journée d'émotions intenses. Avançons.

Revenir

La nuit passe vite. Il commence à poindre ; se lève et notre cher évêque se réveille après une nuit tourmentée par des cauchemars. Faites leurs prières du matin, se lève, s'étire, se baigne, sort sa valise de la chambre, il entre dans la chambre et parle à sa mère. En bref salutations et transmet l'importance qu'il avait dans sa vie. Après, dit au revoir, va à l'écurie, monte à cheval et part à la recherche de la continuité de son culte en Sardaigne.

Il était prêt ! La dernière expérience a montré qu'il était sur le point de découvrir la force de son père, des « Voix de Lumière » qui bénissaient et dirigeaient constamment les moindres aspects de la vie. Il se sentait donc béni et aimé de son père, de son maître Jésus et de tous ses frères en chemin.

Le croyant augmente également le galop animal et en trente minutes arrive dans le port très fréquenté. Lâche, livre l'animal à un responsable et attend un peu. Il était environ 7 h 40 et juste à 8 h, un navire accosterait vers l'île. Il prend ce temps pour réfléchir, prier et être ordonné à Dieu.

Le navire arrive à l'heure prévue. Cléber grimpe les marches du port, monte à bord du navire, parle au surveillant et suivi par lui va s'installer dans l'une des chambres. Cette fois, il devait partager la place avec trois personnes car le stockage était complet.

Quelques instants plus tard, il est donné au départ. Ce serait cinq longues journées à traverser l'océan et cela promettait beaucoup d'excitation à cause du temps nuageux ces derniers temps. Il aurait le temps de lire, de manger, de travailler et de se faire des amis avec des colocataires et de voyager et cela a été très utile pour tout ce qu'il représentait. Il était l'homme de Dieu, porte-parole de la lumière.

Le trajet est indiqué occuper. Le navire s'arrête deux fois par problèmes techniques, avec son groupe ils plongent six fois dans la mer alternativement se produisent festivals, débats, crises, querelles, orgies, rumeurs et mauvais contes. Certaines de ces choses font qu'Ils veulent avoir droit à la terre et d'autres à rester. C'est la fameuse dichotomie représentée par les « forces opposées ».

Avec une demi-journée de retard, ils arrivent enfin. Après l'atterrissage, l'évêque se rend à Cagliari où ses frères l'attendaient anxieusement. Il y a encore une trentaine de minutes sur le dos d'un cheval.

Face au monastère, il renvoya le cheval et portant son sac à dos frappa à la porte. La première fois, déjà entendu des pas dans sa direction et puis attendre d'être répondu. Il était exactement midi lorsque la porte s'ouvre et vient de l'intérieur de l'un de ses frères, l'évêque Francisco. Après les salutations d'usage, les deux marches dans l'immeuble, et pendant que le frère garde ses affaires dans leur chambre, il est allé déjeuner. Après, repos et fin d'après-midi repris le travail comme évêque et comme directeur du monastère. Le soir, dîner, réunion et plus de repos. Et ainsi, la vie a continué avec la bénédiction de Dieu.

Dix ans après

The Cléber fonctionne et ses frères ont continué. Chaque jour, ils sont devenus plus prestigieux sur l'île et dans tout l'Empire romain bien que le temps de la persécution n'ait pas cessé en raison des préjugés de beaucoup. Mais c'étaient des guerriers et des gagnants.

Dans son travail intellectuel d'écrivain, Cléber se démarque à nouveau avec l'ouvrage « Trois livres au roi Jean » qui condamne les pratiques ariens qui lui donne une nouvelle invitation à retourner à Carthage dans laquelle il fait d'ailleurs très bien. L'homme de Dieu a alors brisé d'autres barrières donnant un exemple notoire d'illumination et de sagesse.

Peu de temps après cette deuxième visite, vint la nouvelle de la mort du roi. L'oppresseur était mort et les choses pouvaient changer. Continuez à regarder, lecteurs.

Nouvelle position

Le nouveau roi de Carthage est choisi et en prend possession. Son nom était Hilderico et contrairement à Jean avait un esprit plus libéral et tolérant. Les premières décisions importantes prises ont été : la réforme financière, la révision des alliances politiques et la décision par le retour des évêques exilés.

Parvenu à cette décision, Cléber et ses amis se préparent au retour. Fermé le monastère de Cagliari, ils emballèrent leurs sacs à dos et repartirent le lendemain du port de l'île vers la grande Carthage.

Avec cela, une nouvelle direction et une nouvelle mission ont été préparées à leur vie ensemble dans leur patrie.

À Ruspe

Peu de temps après leur arrivée à Carthage, les évêques ont été divisés dans leurs diocèses respectifs. Comme prévu, Cléber a été envoyé à Ruspe et avec l'aide du pape a commencé à organiser un travail merveilleux. Partagé leurs activités quotidiennes dans l'administration religieuse et humanitaire.

Déjà bien connu, les gens voulaient résoudre tout problème et avec les bons mots et attitudes réconfortés et guidés. C'était un vrai père pour toute la communauté.

Allié à cela, il poursuit son travail de prédicateur, de diffuseur de la religion du Christ, de combattant des hérésies et d'écrivain. Qui en comparaison dit avec les autorités de la congrégation ont menacé de se retirer à Circinia au cas où il ne serait pas satisfait à leurs demandes. Ils ne l'ont alors pas permis et des réformes ont été faites, la taille était son pouvoir de persuasion. En ce qui concerne les types d'œuvres, il a écrit un autre livre, un traité sur les enfants non baptisés et est devenu un modèle théologique. Il est devenu ainsi un exemple pour le monde chrétien tout entier.

Et ainsi, le temps passa rapidement.

Final

Le temps a continué de progresser. L'église s'est agrandie, la persécution a continué, des personnes proches sont mortes (la mère de Cléber Mary et sa tante Rebeca), le travail a été de plus en plus reconnu pour avoir un avant-goût de plus de désirs, de solitude et d'indécision quant à l'avenir. La seule certitude était qu'il avait voulu s'abandonner à la puissance divine et les voix de la lumière l'ont choisi de sa naissance à une vie de simplicité, d'austérité et surtout d'amour pour les fidèles et les frères de toutes les dénominations.

En accomplissant leur travail quotidien dans une vie simple, comme indiqué précédemment, Cléber est décédé le 1er janvier 533 à l'âge de soixante-huit ans. Son corps a été enterré à l'intérieur de l'église où il travaillait. Avec sa mort, reste l'exemple de la lutte, de l'abandon sans réserve au père, l'exemple de l'être humain inspiré par « Des voix de la lumière » que tant de gens refusent d'écouter. Conserve le message : « Bien que la chute de l'homme ne soit pas fatale parce que le Seigneur le soutient de sa main », c'est-à-dire que nous pouvons trébucher, trembler devant les grands défis de la vie, mais si nous faisons face avec détermination et foi à celui qui peut donner nous la victoire, nous serons certainement de grands gagnants. "N'ayez pas peur parce que j'ai vaincu le monde".

Finir.